그 후에는

강 효 민 목사

새삶 전도협회

하나님은 당신을 사랑하십니다

예수님 안에 행복이 있습니다

님께
....

드림
....

년   월   일
....

그 후에는

히브리서 9:27

"한 번 죽는 것은 사람에게 정해진 것이요 그 후에는 심판이 있으리니"

요즘 인터넷에서는 미국의 한 할아버지가 쓴 글이 잔잔하면서도 깊은 감동을 주고 있습니다. 다섯 살짜리 손녀와 나눈 대화 내용인데 내용은 다음과 같습니다.

"잠들었나 했다. 녀석이 일어나 앉으며 물었다. '할아버지 몇 살이야?' '예순여섯.' 눈이 휘둥그레졌다. '그렇게 많아?' 마음은 19살이라고, 좀 아쉬워하는 뭔가를 덧붙이고 싶은 유혹을 느꼈다. 거울을 들여다볼 때 그 속에서 나를 되쏘아보고 있는 노인이 누구인가 놀라곤 한다고 말하고 싶었다.

그냥 입을 닫았다. 그리고 가만히 몸을 숙여 손녀의 머리 위에 입을 맞췄다. 자식들, 그 자식들의 자식들을 키우며 앞뒤 돌아볼 겨를 없이 비틀거리며 살아온 43년, 그 숱한 이야기를 덧셈 뺄셈도 아직 배우지 않은 어린 손녀에게 들려

줘 봐야 뭐하겠나 싶었다.

어깨에 바짝 다가붙은 손녀에게 할아버지 같은 질문을 했다. '너 이다음에 크면 뭐가 되고 싶어?' 입에 넣었던 엄지손가락을 빼면서 웅얼거렸다. '체조 선수랑 발레 댄서….'

그리고 몇 분이 지났을까. 지나가던 바람이 녀석의 머리카락을 내 얼굴에 붙여놓고 갈 때 불쑥 말했다. '할아버지, 나 삼십 살 되고 싶어.' '삼십 살?' 고개를 끄덕였다.

'어째서?' 한동안 대답을 하지 않는다. '왜 삼십 살이 되고 싶어?' 내 곁에 안기면서 말했다. '할아버지 죽을 때 나 어린 거 싫어.'

아득히 저 멀리 부서지는 파도가 보였다. 아무 소리도 하지 못했다. 그냥 헛기침을 했던 것 같다. 자기가 얼마나 어린 건지, 내가 더 이상 주변에 없으면 얼마나 슬프게 될지 알고 하는 말일까. '삼십 살'이라는 나이를 대기 위해 계산을 한 근거는 뭘까. 내가 죽을 때 어린 게 싫다는 말은 무슨 뜻일까.

설명해보라고 하지 않았다. 손을 잡고 걸어 주방으로 갔다. 토마토 치즈 샌드위치 두 개를 만들었다. 동맥경화를 일으킨다는 마요네즈를 듬뿍 발랐다. 녀석이 돕겠다며 의자 위에 올라섰다. 집게손가락으로 머리카락을 뱅뱅 말아 돌리는 게 제 어미가 그랬던 것과 영락없이 똑같다.”

(조선일보, 2013년 11월 15일)

어떻습니까?

마음이 찡해지는 것 같지 않습니까? 슬프게 느껴지는 것 같기도 하고….

왜 그렇게 느껴지는 줄 아십니까?

늙고 죽는 것을 소재로 했기 때문입니다.

죽음을 생각하면 사람은 슬퍼질 수밖에 없습니다. 그래서 사람들은 죽음에 대해 생각하는 것을 좋아하지 않습니다.

그래도 우리는 죽음을 생각하면서 살아야 합니다. 왜냐하면 우리는 결국 죽을 것이기 때문입니다.

그런데 죽음을 생각하기에는 우리의 삶이 너무 바쁘고 분주한 것은 아닌지 모르겠습니다. 너무 바쁘고 분주하다보니, 그리고 먹고 사는 것이 당장 급하다보니 죽음에 대해서 생각할 겨를이 없습니다. 또 어떤 사람들은 사는 것이 너무 재밌어서 죽음 같은 것은 생각조차 하기 싫어합니다.

아무리 바빠도, 사는 것이 아무리 재밌어도 부인할 수 없는 것이 있는데 그것은 우리 모두가 언젠가는 죽는다는 것입니다. 히브리서 9장 27절은 말하기를 "한 번 죽는 것은 사람에게 정해진 것"이라고 했습니다.

여기에 대해서 이의를 제기할 수 있겠습니까?

없습니다. 한 번 태어난 사람은 한 번 죽는 것이 자연의 이치요 법칙입니다.

그렇기 때문에 우리는 죽음에 대해서 한 번씩 생각을 하고 살아야 합니다.

전도서 7장 2절은 말하기를 "초상집에 가는 것이 잔칫집에 가는 것보다 나으니 모든 사람의 끝이 이와 같이 됨이라. 산 자는 이것을 그의 마음에 둘지어다"라고 했습니다. 무슨 말입니까?

죽음을 생각하며 살라는 것입니다.

당신은 죽음에 대해서 생각하고 사십니까?

죽음 이후에 당신은 어떻게 될 것 같습니까?

죽음 이후에 대해서 사람들은 크게 세 가지 중 하나일 것이라고 생각합니다.

첫째, 죽으면 모든 것이 끝난다, 죽음 이후에는 아무 것도 없다고 생각하는 사람들이 있습니다.

이런 생각으로 살면 사는 것 자체가 굉장히 허무해집니다. 그래서 허무주의라는 것도 생겨났습니다. 허무주의자들이 좋아하는 노래가 무엇인줄 아십니까?

"이래도 한 세상, 저래도 한 세상, 돈도 명예도 사랑도 다 싫다" 하는 노래지요.

또 어떤 사람들은 어차피 죽음으로 끝날 인생인데 죽기 전에 실컷 즐기기나 하자는 마음으로 삽니다. 이런 사람들이 좋아하는 노래는 "노세 노세 젊어서 노세. 늙어지면 못 노나니, 얼씨구 절씨구 차차차…" 하는 노래입니다.

둘째, 죽으면 다른 무엇으로 다시 태어난다고 생각하는 사람들이 있습니다.

이런 사상, 가르침을 '윤회설'이라고 하지요. 불교나 힌두교에서 가르치는 것이 이것입니다. 불교에서는 사람이 부처의 경지에 이를 때까지 계속 윤회한다고 믿습니다.

셋째, 사람은 죽으면 '천국' 아니면 '지옥'으로 간다고 믿는 사람들이 있습니다.

성경을 믿는 사람들이 그렇게 믿습니다. 성경 히브리서 9장 27절은 말하기를 "한 번 죽는 것은 사람에게 정해진 것이요 그 후에는 '심판'이 있다"고 했습니다. 심판받는 것은 지옥에 가는 것을 뜻합니다. 심판받지 않는 사람들도 있는데 그들은 천국에 갑니다.

이 세 가지 중에서 어떤 것이 맞을까요?

셋 다 맞을 수는 없습니다. 반드시 하나만 맞습니다. 어느 것이 맞을까요?

제가 가르쳐드리겠습니다. 세 번째 것이 맞습니다.

어떻게 알 수 있냐고요? 성경이 그것을 말하고 있기 때문입니다.

성경은 하나님의 말씀입니다. 성경의 모든 말씀은 진리입니다. 성경에 기록된 모든 것은 지금까지 다 사실로 드러났습니다. 그렇다면 우리가 경험해보지 못한 일이라 할지라도 성경에 기록되었다면 믿어야 합니다.

하나님은 우리가 알아야 할 모든 것을 성경에 기록해 놓으셨습니다. 한 번 죽는 것이 사람에게 정해진 것처럼 죽음 후에는 심판이 있습니다.

왜 사람은 하나님의 심판을 받아야 하는 것일까요?

죄 때문입니다.

로마서 3장 23절을 보면 "모든 사람이 죄를 범하였으매 하나님의 영광에 이르지 못하더니"라고 했습니다. 또 로마서 3장 10-12절에서는 "의인은 없나니 하나도 없으며, 깨닫는 자도 없고 하나님을 찾는 자도 없고, 다 치우쳐 함께 무익하게 되고, 선을 행하는 자는 없나니 하나도 없도다"라고 했습니다.

무슨 말씀입니까?

이 세상에 죄인 아닌 사람이 한 사람도 없다는 것입니다.

사람들은 보통 '죄'라고 하면 다른 사람들에게 잘못한 것만 죄라고 생각합니다. 거짓말하고 도둑질하고 사기치고 간음하고 살인하고….

그런데 이런 것들보다 더 큰 죄가 있는데 무엇인줄 아십니까? 하나님에게 잘못하는 죄입니다. 하나님을 등지고, 하나님을 거역하고, 하나님을 부인하는 죄입니다.

다른 모든 죄는 이 죄에서 비롯되는 것입니다.

로마서 1장 28-31절은 이렇게 말씀합니다.

"또한 그들이 마음에 하나님 두기를 싫어하매 하나님께서 그들을 그 상실한 마음대로 내버려 두사 합당하지 못한 일을 하게 하셨으니 곧 모든 불의, 추악, 탐욕, 악의가 가득한 자요 시기, 살인, 분쟁, 사기, 악독이 가득한 자요 수군수군하는 자요 비방하는 자요 하나님께서 미워하시는 자요 능욕하는 자요 교만한 자요 자랑하는 자요 악을 도모하는 자요 부모를 거역하는 자요 우매한 자요 배약하는 자요 무정한 자요 무자비한 자라."

이 말씀에는 사람들이 행하는 여러 죄악들이 열거되어 있습니다. 그런데 왜 사람들이 이런 죄를 범한다고 말씀합니까?

'그들이 마음에 하나님 두기를 싫어' 하기 때문입니다. 사람은 하나님을 떠나면 악해질 수밖에 없습니다. 하나님이 없다고 생각하면 사람이 무슨 일을 못하겠습니까! 그렇기 때문에 죄 중에서 가장 크고 으뜸이 되는 죄는 하나님을 떠난 죄, 하나님을 거역하는 죄입니다.

만일 당신이 하나님을 믿지 않고 있다면, 대단히 죄송하지만 당신은 하나님 앞에서 말할 수 없이 큰 죄인이라는 것을 알아야 합니다. 또 생활 가운데 짓는 죄는 얼마나 많습니까! 그래서 사람은 심판을 받는 것입니다.

전도서 11장 9절은 이렇게 말씀합니다.

"청년이여, 네 어린 때를 즐거워하며 네 청년의 날들을 마음에 기뻐하여 마음에 원하는 길들과 네 눈이 보는 대로 행하라. 그러나 하나님이 이 모든 일로 말미암아 너를 심판하실 줄 알라."

뭐라고 말씀합니까?

하고 싶은 것 있으면 마음대로 해보라는 것입니다. 하나님이 없다고 생각하면 그렇게 생각해도 좋고, 악한 일을 하고 싶으면 그렇게 해보라는 것입니다. 그러나 하나님께서 그 모든 일로 말미암아 심판하시겠다고 하십니다.

전도서 12장 13-14절은 또 이렇게 말씀합니다.

"일의 결국을 다 들었으니 하나님을 경외하고 그의 명령들을 지킬지어다. 이것이 모든 사람의 본분이니라. 하나님은 모든 행위와 모든 은밀한 일을 선악 간에 심판하시리라."

'사람의 본분'이 뭐라고 하셨습니까?

'하나님을 경외'하는 것이라고 하셨습니다.

사람에게 있어서 가장 기본이 되고 중요한 일이 하나님을 경외하는 일인데, 그 일을 하지 않는다면 하나님 앞에서 얼마나 큰 죄가 되겠습니까! 그래서 사람은 심판을 받는 것입니다.

심판을 받지 않으려면 어떻게 해야 할까요?

하나님을 경외하고 하나님을 섬기는 삶을 살아야 합니다.

하나님을 경외하고 섬기는 삶의 시작이 무엇인 줄 아십니까?

그것은 예수님을 믿는 것입니다.

예수님은 하나님께서 사람들의 죄값을 대신 지불하도록 하시기 위해 이 땅에 보내신 분입니다. 죄인인 인간은 절대로 거룩

하신 하나님 앞에 나아갈 수 없습니다. 죄인인 인간이 하나님 앞에 나아가려면 먼저 죄 문제가 해결되어야 하는데, 사람에게는 죄 문제를 해결할 능력이 없습니다. 죄 문제를 해결한다는 말은 결국 죄값을 지불한다는 말인데, 사람이 어떻게 하나님께 지은 모든 죄값을 지불할 수 있겠습니까! 죄값을 지불하려면 결국 죽어야 하는데요.

그래서 하나님께서 사람들을 사랑하셔서 친히 인간의 몸을 입고 이 땅에 내려 오셨습니다. 그리고 십자가 위에서 우리의 모든 죄값을 대신 지불해주셨습니다. 그 하나님이 바로 예수님입니다.

예수님은 우리와 같은 몸을 가지고 계셨지만 그분의 본체는 하나님이십니다.

그런 분이 왜 십자가에 달려 맥없이, 처참하게 돌아가신 줄 아십니까? 우리의 죄값을 대신 지불하고, 우리의 모든 죄를 용서해주시기 위해 그렇게 하신 것입니다.

히브리서 9장 28a절은 이렇게 말씀합니다.

"이와 같이 (예수) 그리스도도 많은 사람의 죄를 담당하시려고 단번에 드리신 바 되셨고."

그러므로 사람이 하나님께 나아가려면 예수님의 십자가 공로를 의지하는 길밖에 없습니다. 예수님은 말씀하시기를 "내가 곧 길이요 진리요 생명이니 나로 말미암지 않고는 아버지(하나님)께로 올 자가 없다"(요한복음 14:6)고 하셨습니다. 또 사도행전

4장 12절은 "다른 이로써는 구원을 받을 수 없나니 천하 사람 중에 구원을 받을 만한 다른 이름을 우리에게 주신 일이 없음이라"고 말씀합니다.

당신은 예수님을 믿고 계십니까?

아직 예수님을 믿지 않고 계신다면 예수님을 믿으시기 바랍니다.

예수님을 믿을 때 죄 용서의 은혜가 당신에게 임합니다. 영원한 생명을 선물로 받게 될 것입니다.

로마서 3장 23-24절은 이렇게 말씀합니다.

"모든 사람이 죄를 범하였으매 하나님의 영광에 이르지 못하더니 그리스도 예수 안에 있는 속량으로 말미암아 하나님의 은혜로 값없이 의롭다 하심을 얻은 자 되었느니라."

예수 그리스도 안에 죄 사함의 은혜가 있고, 예수 그리스도를 통해서만이 하나님께로부터 의롭다 하심을 받을 수 있다는 말씀입니다. '속량(贖良)'이란 죄값을 대신 지불한 것을 말합니다. 예수님은 우리의 죄값을 대신 지불해 주시려고 십자가에 달려 돌아가셨습니다.

또 요한복음 3장 16-17절은 이렇게 말씀합니다.

"하나님이 세상을 이처럼 사랑하사 독생자를 주셨으니 이는 그를 믿는 자마다 멸망하지 않고 영생을 얻게 하려 하심이라. 하나님이 그 아들(예수님)을 세상에 보내신 것은 세상을 심판하려 하심이 아니요 그로 말미암아 세상이 구원을 받게 하려 하심이라."

이 말씀은 성경 전체의 요약이라고 할 수 있습니다. 이 말씀 속에 '심판'이라는 단어도 나오고 '구원'이라는 단어도 나옵니다. 예수님께서 이 땅에 오신 것은 사람들이 '심판' 받지 않고 '구원' 받도록 하기 위함이었습니다.

'심판'과 '천국·지옥'은 누가 지어낸 것이 아닙니다. 하나님의 말씀이 있다고 하면 있는 것입니다.

사람은 자기가 경험한 것, 이해할 수 있는 것만 믿으려 하는 경향이 있습니다. 그러나 때로는 자기가 경험하지 못한 것도, 이해할 수 없는 것도 믿어야 합니다.

엄마 뱃속에 있는 아기를 한 번 생각해 보십시오. 엄마 뱃속에 있는 아기는 지금 우리가 살고 있는 이런 세상이 있을 것이라고 상상도 못할 것입니다. 그런데 나와서 보면 상상도 못한 세상이 있습니다.

죽음 이후의 세상도 그와 같습니다. 지금으로서는 경험도 못 해봤고 이해도 안 될 것입니다. 그러나 천국과 지옥은 분명히 있습니다.

지옥은 꺼지지 않는 불이 있는 곳입니다. 사람마다 불로써 소금 치듯 함을 받는 곳입니다(마가복음 9:48-49). 반대로 천국은 영원한 기쁨과 위로와 안식이 있는 곳입니다.

당신은 어디서 영원을 보내기 원하십니까?

예수님께서 당신을 위해 하신 일을 진심으로 받아들인다면 지금 이렇게 기도하십시오.

"하나님, 저는 죄인입니다. 지금까지 저는 하나님을 떠나 살았습니다. 예수님께서 저를 위해 돌아가신 것도 몰랐습니다. 이제 예수님께서 저의 죄를 위해 돌아가신 것과 3일 만에 다시 살아나신 것을 믿습니다. 저를 구원해 주시고, 하나님의 자녀로 삼아주십시오. 예수님의 이름으로 기도합니다. 아멘!"

이 기도를 마음으로부터 하셨다면 당신은 구원받았습니다(로마서 10:9-10). 이제부터 당신은 하나님의 자녀입니다(요한복음 1:12). 영생을 얻었고 천국에 갈 수 있습니다(요한복음 5:24, 14:1-3).

어린 아이가 자라려면 음식과 돌봄이 필요하듯 당신도 영적인 음식과 돌봄이 필요합니다. 성경적인 교회를 찾아 당신의 교회로 정하시고 믿음생활을 하시기 바랍니다.

당신의 삶에 하나님의 인도하심과 보호하심이 있기를 기도합니다.

강 효 민 목사

미국 바이올라대학교의 탈봇신학대학원에서 공부하였으며(목회학 석사·박사),
서울 중곡동에 있는 새삶침례교회의 담임목사로 섬기고 있다. 저서로는 「말하지
아니할 수 없습니다」(전도 칼럼집), 「복음의 능력」(로마서 강해설교), 「요한계시
록이 보인다」(요한계시록 강해설교), 「성령이 임하시면」(사도행전 강해설교) 등이
있다.

그 후에는

지 은 이 | 강 효 민
펴 낸 날 | 2013년 12월 25일
펴 낸 곳 | 새삶전도협회
        www.nleva.org
        서울시 광진구 능동로 314
        (02) 458-0691

출판등록 | 제25100-2007-26호
ISBN 978-89-6961-003-4